ADRESSE

DU

DIRECTOIRE

DE LA

CONFESSION D'AUGSBOURG A STRASBOURG

AUX

PASTEURS DE SON RESSORT

sur les moyens qu'ils ont de concourir à la santé de leurs paroissiens, particulièrement par la propagation de la vaccine.

A STRASBOURG,

se trouve chez AMAND KOENIG, Imprimeur-Libraire,
rue du Dôme.

Imprimé par Jean Henri Heitz, Imprimeur du Directoire.

1808.

MESSIEURS!

Tout ce qui sert à protéger et à soulager la vie des hommes est du ressort de la religion bienfaisante, dont vous êtes les organes. Chez les anciens peuples, et dans le moyen âge les ministres du culte remplissoient en même tems les fonctions de Médecins et celles de Jurisconsultes. L'étendue de la science étant très-bornée alors ; il n'y eût que les prêtres qui la cultivassent. Ces rapports ont changé ; la sphère des connoissances s'est agrandie. La société a besoin d'ordres distincts, et Vous mêmes MM. qui pour répondre, de nos jours sur tout, à la dignité du ministère évangélique, êtes appelés à parcourir les vastes champs dé tant dé sciences, qui sont la base ou les auxiliaires de la vôtre ; vous manqueriez à la solidité de vos recherches én embrassant un terrain trop spacieux. Votre zèle pastoral nous est un sûr garant que jamais vous ne perdrez de vue votre vocation principale.

A 2

En la suivant cependant jusqu'à ses derniers points de contact , vous appercevrez aisément l'influence multipliée et souvent si surprenante du physique de l'homme sur son moral, de son principe interne sur ce qui n'en est que l'enveloppe. Cette réciprocité d'action qui reparoît tous les jours sous mille formes, a droit de vous intéresser comme observateurs philosophes ; mais un plus puissant motif vous y engage encore ; c'est le désir de rendre la sérénité aux personnes, qu'accable une sombre mélancolie, qui trèssouvent n'affecte l'ame qu'au moyen des organes viciés du corps. Animés d'un vrai zèle vous ne regarderez aucune souffrance comme étrangère à votre compassion, dès que, par quelque voie que ce soit, vous pouvez parvenir à la faire cesser, ou du moins à l'alléger. Enflammés par l'exemple de votre divin maître, qui selon l'évangile, „allait de contrée en contrée, pour enseigner, et pour faire du bien", vous vous empresserez à vous rendre aux demeures affligées par les ravages d'une dangereuse maladie, et en administrant à vos ouailles les secours spirituels, vous leur ferez sentir avec St. Paul, de quelle utilité est la réligion pour tous les hommes et surtout pour ceux qui souffrent. Les douces consolations couleront de vos lèvres ; vous ferez naître dans des ames abattues la confiance en Dieu, et ce calme de l'ame qui aide à supporter la douleur et même à hâter la guérison. Vous donnerez des conseils salutaires lors des premières approches de la maladie. Vous répandrez des instructions dans des accidens imprévus, dans des cas urgens. Vous vous appliquerez surtout à éloigner du malade les suggestions ineptes de la crédule décrépitude, les soins perfidement officieux du charlatan et les sombres inspirations de la superstition. Vous vous ferez bénir encore, si l'on trouve dans votre presbytère quelques uns de ces médicamens et de ces secours dont le besoin renaît si souvent, et qu'on ne se procure que bien difficilement dans des lieux éloignés de la prompte assistance de l'art. Il ne sera pas néanmoins dans votre manière de voir, de vouloir par là remplacer le médecin, ou de vous charger de ses fonctions. Une tâche plus convenable pour vous, c'est de lui frayer le chemin, de veiller à ce qu'en attendant ses secours, on n'entreprenne rien de nuisible, et de mettre le médecin directement sur la voie par votre rapport clair et précis des symptômes dont vous aurez été témoins.

Dans votre propre ministère, c'est vous, M. M., qui ouvrez le sanctuaire; ici votre place se trouve sur le parvis; et vous ferez honneur à ce poste, en étudiant la nature du sol, l'influence du climat, celle des saisons, de la nourriture usitée dans les différentes classes des habitans, au milieu desquels vous vivez. Dirigées par ces points de vues, vos promenades mêmes deviendront intéressantes pour vous-mêmes et pour les autres. La collection des simples que vous cueillerez en herborisant, préparera un utile herbier local, comme les productions intéressantes des différens règnes de la nature feront naître sous vos mains un cabinet d'histoire naturelle indigène. Peu à peu vous embrasserez toute la topographie médicale du lieu, dont, sous ce rapport aussi, vous deviendrez les anges tutélaires. Ainsi préparés par vos courses, vos observations et vos collections, vous en ferez un usage généreux et réfléchi dans vos visites pastorales, dans vos entretiens avec l'enfance et la vieillesse, et encore dans vos instructions religieuses, tant élémentaires, que celles qui doivent précéder la première communion. Vous développerez avec connoissance de cause les grandes merveilles de la nature. A chaque pas vous placerez l'homme sous l'oeil immédiat d'un Dieu adorable en magnificence, et prodigue en bonté pour ses enfans. Tout leur inspirera une piété aussi sereine que profondément sentie ! Alors vous mettrez sous les yeux de vos paroissiens les merveilles de la création ; les saints évangiles et ces archives parlantes d'une éternelle Providence vous offriront de bien touchans matériaux, pour prêcher efficacément sur les chap. VI et X. de St. Matthieu. Combien vos auditeurs seront dociles à votre voix, lorsque vous leur détaillerez non seulement le devoir, mais aussi les moyens de conserver leur santé, afin de se rendre propres à tous les travaux utiles, aux genres de vie même pénibles, et aux contentions de l'esprit qui, sans exiger une santé d'Athlète, demandent pourtant, pour n'être pas toujours interrompues, une constitution saine et sans langueur. Qu'au tableau animé et vrai, que vous tracerez souvent des suites funestes des excès en tout genre, les jeunes gens surtout soyent pénétrés d'une salutaire horreur ; qu'ils apprennent à être circonspects, par la peinture des effets déplorables qu'entraîne même l'imprudence et cette frivolité, que dans un certain âge on se pardonne si aisément, et qui ne pardonne point elle - même dans les résultats destructeurs qu'elle prépare. C'est ainsi MM. que vous déployerez successivement, et pour se prêter un mutuel appui, l'hygiène morale et l'hygiène physique, le catéchisme de la piété et celui de la santé. Semblables aux Législateurs véritablement humains, vous ne vous contenterez pas d'adoucir les maux dont le poids accable dans le moment même vos paroissiens ; mais par vos salutaires avis, vous préviendrez les maladies comme les procès, et à votre voix fuiront tant de soufrances, et de calamités qui affligent les hommes tout autour de vous *a*).

---

a). Les ministres de la religion pourroient encore rendre d'autres services à la médecine. Il circule dans bien des familles, surtout dans les basses classes de la société, certains préservatifs et remèdes, des onguens, des élixirs, que l'on se communique en secret, et qui passent de père en fils et plus encore de mère en fille, comme une partie précieuse de la succession. Méritent - ils l'honneur qu'on leur fait ? ou ne le méritent - ils pas ? En quel cas, et avec quelles précautions pourroit - on s'en servir ? ou bien ces remèdes et ces *arcanes* sont - ils totalement pernicieux ? La réponse à ces questions pourroit être préparée par MM. les Ecclésiastiques en mettant

A tous ces titres MM. nous appellons vos efforts les plus soutenus, nous provoquons toute l'intensité

---

les médecins à même d'en juger par la communication ou du moins par une indication suffisante, de cette *médecine populaire* proprement dite, qui pourroit bien être au véritable art de guérir, ce que la superstition est aux véritables principes de la religion. Cependant celle-ci, comme celui-là, veulent que l'on examine avant de rejetter. Telle pratique usitée parmi le peuple pourroit conduire l'homme de l'art à d'importans résultats et la grande découverte dont nous allons parler, en est une preuve bien mémorable. — Il y a d'autres traditions qui circulent depuis des siècles dans les classes inférieures du peuple. Les sçavans les ont relégués sans balancer parmi les erreurs populaires, et les ministres de la religion, quoique certains faits leur eussent été transmis par des témoins oculaires, ou par les régistres de leur prédécesseurs, n'osoient pourtant pas revenir contre les dénégations catégoriques des gens de l'art. Mais si un heureux hazard amène ceux-ci à examiner les choses de plus près, s'ils parviennent à dégager le fond de ses accessoires ou de son enveloppe mythique, souvent alors on découvre un fait ou un phénomène incontestable que des hommes impartiaux auroient pu révéler plutôt, s'ils n'avoient pas craint de s'exposer au ridicule. Qu'on se rappelle les aérolithes ou sélénites (les baityles, bethels, pierres tombées du ciel des Phéniciens, des Grecs et des Romains) si puisamment réhabilitées de nos jours. Mais les gens d'église, s'ils veulent mettre à profit leurs années académiques, peuvent encore un jour, sans nuire à leur vocation principale, ajouter et pour eux-mêmes et pour leurs paroissiens, et même pour le public, un

de votre zèle , pour combattre cette hideuse épidémie , malheureusement acclimatée sous toutes les zones

---

grand intérêt à leur résidence champêtre , en recherchant
et classant nos richesses végétales , minérales , etc. trésors
dont ils feront usage dans leur enseignement religieux,
dans leurs correspondances avec les sociètés d'agriculture,
ou dans des écrits particuliers. C'est ainsi qu'un ministre
estimable de nos contrées , Mr. STOLZ, pasteur à Mit-
telbergheim , nous a donné une Flore d'Alsace (imprimée
chez Levrault, en 1802.) où , parmi les 1800 plantes qui
croissent spontanément dans nos deux départemens du
Rhin , il a eu soin d'indiquer, par un signe particulier,
celles qui servent à l'usage domestique ou médicinal. Ah !
combien l'état ecclésiastique deviendra respectable, si tous
ses membres, loin de s'abandonner à une blâmable oi-
siveté, ou à des passe-tems plus blâmables encore, ne se
lassent jamais de cultiver leur esprit, et d'étendre leurs
propres idées, pour rectifier et agrandir celles des autres.
Souvent encore il se présente des cas où un sage conseil,
une explication précise et lumineuse pourroit tranquilliser
une commune entière, vivement agitée par des frayeurs
sans fondement. C'est ainsi que cet été même un vil-
lage, peu distant de Strasbourg , fut rempli de terreur,
par ce que l'on croyoit avoir remarqué des symptómes
de rage parmi les bêtes à corne et autres. Ce ne fut pourtant, à ce qu'il paroit, que l'atteinte d'une épizootie pas-
sagère, mise en fermentation par les chaleurs. Des gens
sages, et parmi eux le ministre de l'endroit indiquoient
cette cause aux villageois consternés; mais ce fut envain ;
on préféra d'exorciser, d'appliquer la clef de St. Hubert, de
cautériser vaches, brebis, pâtres et laboureurs, jusqu'à ce
que des gens de l'art, envoyés par l'autorité administrative
dissipèrent et le mal et l'épouvante. Mais il y a des cir-

quoique jadis étrangère à l'Europe, le terrible fléau de la petite vérole. Ses victoires meurtrières sont d'autant plus assurées qu'elle s'attache de préférence aux pas encore chancelans de la première jeunesse et qu'elle acquiert des forces nouvelles par les nombreuses victimes qu'avec une rapidité effrayante elle sème tout autour d'elle.

Ah! si, semblable au signe révélé à Moyse, pour épargner les demeures des Israëlites, lors de la catastrophe des primogénitures sous Pharaon, il existoit

---

constances plus graves encore, et des situations infiniment plus importantes où un bon pasteur peut déployer d'une manière respectable et ses lumières et son zèle; c'est dans les tems malheureux, où le soufle de la contagion menace les jours des habitans effrayés. Un ministre, familiarisé avec les précautions à prendre en ces tristes occasions; telles que les fumigations de Mr. Guyton-Morveau etc., veillera d'autant plus surement et sur sa propre conservation, et sur celle des nombreux malades, à la consolation desquels il est appellé par son état et son cœur. Qu'alors, ayant satisfait à tout ce qui peut contribuer à la conservation physique, il marche avec un saint courage au milieu des dangers et des victimes, et qu'il mérite que son nom soit associé aux noms respectables de St. Charles Borromée, de Mr. de Belzunce, Evêque de Marseille, lors de la peste si désastreuse pour cette ville, et de tant d'autres ecclésiastiques de tous les cultes qui, tandis qu'une épidémie meurtrière moissonnoit journellement des hommes autour d'eux, n'envisagèrent ni péril, ni famille, ni récompenses, ni célébrité; mais en dignes pasteurs de leur troupeau,

pour nous aussi, à l'égard des effets meurtriers de la variole un pareil signe préservateur; si nous aussi, nous pouvions nous mettre à l'abri d'un mal, dont le soufle empesté détruit ou altère les germes de la vie, ou qui du moins laisse sur les traits de ses victimes une empreinte souvent aussi désastreuse qu'inéffaçable! Sans doute, les mères et les enfans, qui vous écoutent éléveront de concert avec vous leurs voix et leurs soupirs, pour répéter les mêmes voeux du fond de leur coeur, oppressé par des pertes cruelles ou par les angoisses des plus sinistres attentes. Au milieu de ces émotions et de ces désirs brûlans, quelle jouissance pour vous, MM. de pouvoir faire retentir la voute sacrée du cri d'allegresse: Oui, chefs et membres des familles, qui m'entourez, il existe! il est près de vous ce signe tutélaire, que votre tendresse réclame avec tant d'ardeur! La divine providence a accordé à la génération actuelle, pour ne plus se perdre jusqu'à la consommation des siècles, un antidote contre le venin qui jusqu'à ce jour circula dans les veines du genre humain. Pour annoncer cet heureux message avec une ferme et pleine assurance, vous n'aurez pas manqué, MM. de vous convaincre d'abord vous-mêmes de la salubrité réelle du remède; de peser les faits et les preuves. Il répugneroit à la dignité de votre ministère, de répéter sur parole, de croire et de faire croire sur

se dévouèrent généreusement à la grande cause de l'humanité, et „ resignèrent leur vie, pour la récouvrer," d'après le mot sublime de l'évangile.

de simples oui-dire. C'est par conviction, et non par préjugé d'autorité, que vous voulez être les organes de la vérité. Mais quand par vos recherches impartiales, votre raison est suffisamment éclairée, alors dissipez avec intrépidité les nuages des préventions, faites justice des clameurs obscures, des appréhensions semées par la frayeur, par l'inadvertance, peut-être par l'envie routinière qui craint de se voir dépossédée de son mécanisme soporifique. Oui, MM. prenez rang parmi les bienfaiteurs de l'humanité. Votre coeur, votre état, et le respect des peuples, dont vous êtes investis vous commandent puissamment de n'épargner aucun soin à cet égard. La patrie vous y exhorte, et la voix du Gouvernement vous invite, d'une manière formelle, à ajouter ce laurier civique aux palmes dont votre saint ministère vous présente une si abondante moisson. *b)*

Trouvez-vous les esprits encore flottans et indécis, rappelez-leur que, tandis qu'ils délibèrent et qu'ils balancent, le mal peut soudain atteindre les leurs sans retour ; fixez ces hommes qui combattent contr'eux-mêmes, fixez-les, en leur présentant d'un

----

b) „Le Gouvernement voit avec satisfaction les ecclésiastiques concourir à répandre le bienfait de la vaccine." V. le Moniteur 1808. N. 165. „Son Excellence le Ministre de l'Intérieur a annoncé qu'il devoit se concerter avec le Ministre des cultes pour aplanir les obstacles qui dans quelques diocèses pourroient encore s'opposer à l'adoption générale de la vaccine." Ibid. No. 127.

côté le tableau pathétique et détaillé des souffrances indicibles de l'enfant variolique; de l'autre ce que l'on a à craindre, ce que l'on peut espérer de la vaccine, de cette heureuse inoculation qui ne cause qu'une indisposition éphemère; qui ne se communique point, qui n'astreint pas au lit, pas même à la chambre, qui n'éteint pas l'appétit, qui ne dérange pas les habitudes usitées, qui n'exige pas un régime bien sevère, qui rend le corps inaccessible à la contagion de la petite vérole ; ensorte, qu'à ce dernier procédé il y a tout à gagner, et rien à risquer.

On vous objectera peut-être, que ce remède tant vanté est loin de garantir toujours des atteintes du mal en question. Du ton d'assurance, que prend ordinairement le courage mal assuré de l'homme à préventions, on vous dira, que les plus tristes exceptions déposent contre cet antidote tant préconisé. On vous citera telle et telle victime dans la parenté, le voisinage, le canton. On vous nommera même plus d'une cruelle maladie qui, de la notorieté de la contrée toute entière, a affecté plusieurs sujets vaccinés. Il ne vous sera pas bien difficile, MM. de dissiper tous ces vains fantômes. Il y a eu des cas, dit-on, où la vaccine n'a pas déployé les salutaires effets qu'on lui attribue ; il est donc des exceptions à la règle. Mais ces exceptions, eussent-elles véritablement lieu, prouveroient, et ne renverseroient pas la règle habituelle, c'est-à-dire les résultats ordinaires, et les phénomènes journaliers de l'expérience.

Si , dans les données possibles il y a quatre-vingt-dix-neuf en votre faveur contre une seule attente de perte, n'est-ce pas là une chance, sur la foi de laquelle le négociant, le voyageur et le malade se déterminent sans la moindre hésitation ? Ces bases servirent d'apologie à l'ancienne inoculation ; mais l'inoculation de la vaccine présente plus d'avantages encore. Les observations les plus exactes et les plus multipliées, faites en tous les pays, tant par des individus, que par des sociétés des plus habiles gens de l'art démontrent, jusqu'à l'évidence, que l'inoculation de la vaccine n'est en effet entachée d'aucune chance funeste, bien entendu que la lymphe et l'éruption de la pustule soyent telles, que l'art le prescrit, et que l'ensemble du traitement soit dirigé, non par un idiot présomtueux, mais par un officier de santé dont le crédit soit assuré et l'habileté reconnue. c)

----

c). Des médecins distingués, qui auroient une grande réputation à perdre par des assertions désavouées par l'événement, s'expriment à ce sujet de la manière la plus positive et la plus illimitée. Je cite entr'autres Mr. Colon qui a donné l'histoire de l'introduction de la vaccine en France, qui a provoqué l'appui du gouvernement pour cette opération salutaire, et qui en a fait faire les premiers essais dans sa maison même. Cet habile et généreux médecin a fait publiquement l'offre d'un bien-fonds à quiconque lui prouveroit, qu'un seul des enfans auxquels il a ait subir la vaccine fait été depuis atteint de la petite vérole naturelle. Il en avoit inoculé cependant plusieurs, même durant la dentition. La même con-

Pour ce qui regarde les maladies ordinaires de l'enfance, on auroit tort, d'en rejetter l'odieux sur la

fiance se fait remarquer dans les traités publiés à ce sujet
par MM. AUBERT, HUZARD, Président, et HUSSON, Secrétaire de la Société de vaccine à Paris, laquelle, déjà en
l'an 1799, fit sur 2110 enfans vaccinés la contr'épreuve
de l'inoculation de la petite vérole naturelle, sans que ce
virus prît sur aucun de ceux qui avoient subi la vaccine.
Le zèle de cette société ne s'est point ralenti jusqu'à ce
jour. Ses rapports annuels sont autant de fastes rassurans
et glorieux pour la bienfaisante découverte de la vaccine.
Et cette déconverte trouve encore son apologie complette
dans les mémoires de] la société angloise de JENNER,
dans ceux de Petersbourg, de Vienne, de Berlin, du
College de santé de Carlsrouhe, enfin dan ceux de toutes les villes marquantes de l'Europe. Le rapport de
l'Archiduc Charles sur le succès de la vaccination aux
frontières militaires de l'Autriche a déjà compté 51000
vaccinations en 1804 qui avoient lieu dans la Sirmie et la
Croatie. Les ordonnances Prussiennes à cet égard ont été
recueillies par Mr. KNAPE dans ses Annales de la médecine légale (en allemand) vol. 1. partie.
Au moment où cette circulaire alloit être livrée à
l'impression, on distribue de la part de M. le Conseiller
d'Etat SHÉE, Préfet de notre département, le rapport
intéressant et instructif qu'il a présenté à Son E. M. le
Ministre de l'Intérieur, sur l'état de la vaccination dans
le département du Bas-Rhin. Ce rapport est une nouvelle
justification de l'inoculation Jennerienne, et il porte
d'autant plus de conviction dans l'ame que, loin de préconiser vaguement cette opération, tous les accidens quelconques y sont relatés avec la plus impartiale véracité,
comme le démontrent les rapports de M. M. LAUTH,

vaccine. La petite vérole volante *d*), qu'on a quelquefois remarquée sur des enfans inoculés ne peut être confondue avec la petite vérole même que par une insigne impéritie, ou par une malveillance digne du même épithète. D'ailleurs les gens sages n'ont jamais annoncé la vaccine comme un remède souverain pour toute espèce de maladies ni pour celles du bas âge en particulier. Mais ses bienfaits inhérens et caractéristiques sont assurément bien dignes de toute notre reconnoissance, puisque, par leur moyen, la branche la plus précieuse de l'arithmétique, celle de la durée de l'homme, a gagné dans les plus heureuses proportions. Jusqu'ici, sur cinq individus et dans les fortes épidémies de ce genre sur quatre, sur trois même, l'insatiable variole en dévoua un à la tombe. Tous les cinq sont sauvés aujourd'hui. l'Allemagne gagne

70,000

Neurohr et autres. Le Directoire en recommande d'autant plus la méditation à MM. les Pasteurs auxquels ce rapport a été distribué, qu'ils y trouveront un appel honorable fait à leur état pour seconder le zèle de l'administration. (p. 6. 7. 15.) Quant à la clause ci-dessus articulée, de ne se confier pour faire vacciner ses enfans qu'à de véritables experts, elle est mise dans un grand jour par MM. Lombard et Reisseissen, qui proposent à cet effet des inoculateurs de canton, et des Inspecteurs de la vaccination (p. 14. 17.) Une pareille mesure seroit un boulevard rassurant contre la fausse vaccine, qui a tant compromis cette salutaire découverte.

d) *Wasserblattern*, *Wasserpocken*.

70,000 habitans par an; les autres états en proportion. Quelle imposante acquisition pour le genre humain! Qu'on en calcule les effets progressifs dans l'espace d'une série de générations. La découverte de JENNER équivaut à la découverte d'un nouveau monde! et dès aujourd'hui que d'engoisses, que de sanglots épargnés! que de bras assurés à l'agriculture, que d'hommes utiles qui répandront l'industrie , qui cultiveront le domaine des sciences et des arts, et qui seront autant d'appuis de leurs familles et de l'état!

Aussi la profonde conviction des avantages inestimables de la vaccination a - t - elle opéré, dans ces dernières années, un phéuomène qu'il est bien à souhaiter de voir se reproduire plus souvent: la grande famille des hommes, si divisée entr'elle par mille intérêts divers, s'est réunie par un concert de suffrages en faveur de la vaccination. Avec le vol rapide de l'aigle, celle-ci a parcouru les terres les plus lointaines. Sa banière protectrice flotte en tous les parages, sur tous les bords, dans les régions les plus sauvages. „Et vous, vous vou- „driez être les seuls incrédules? seuls, vous pourriez vous „opposer au bien-être de ceux, qui vous sont les plus „chers! Vous entretiendriez, vous alimenteriez le plus „funeste poison, non seulement au sein de vos famil- „les, mais au sein de l'état tout entier, que vous dé- „chirez par vos préjugés homicides"! — A cette juste censure ajoutez une demande, que personne n'est plus en droit de faire, que vous MM! Demandez à vos paroissiens, s'ils croyent tenter Dieu, en usant de ses

B

bienfaits? ou s'ils croyent le servir en reniant son don le plus précieux, celui de la raison, qui commande de mettre à profit ce que l'expérience a muni de son sceau! Présentez à leurs regards des hordes sans culture, des Nomades errans dans de vastes solitudes. Eh bien! ces nomades même reçoivent, en bénissant, le présent de la vaccine; et des hommes civilisés pourroient le repousser? Des peuples qui, par leur éducation religieuse, soumettent leur intelligence au joug d'un aveugle destin, adoptent, par une heureuse inconséquence, le préservatif bienfaisant qui leur est offert, et les disciples de l'Evangile, qui veut *une adoration fondée sur la raison*, comme dit un Apôtre, pourroient s'obstiner à fermer les yeux à la clarté qui les éclaire? e) Non! pour confondre les uns, pour affermir la tranquillité des autres, déroulez à leurs yeux la mappe-monde couverte dans presque toutes ses parties d'hommes qui ajoutent foi à l'influence protectrice de cette découverte. Suivez avec eux le long cours du Danube; passez delà à Constantinople, à Salonique, à Athènes, dans les îles et la terre ferme de l'empire Ottoman. f) Pénétrez jusques à Bassora, à Bagdad,

---

e) M. AUBAN mande de Constantinople, que le Janissaire-Aga, avant de faire inoculer ses enfans, eut la précaution de demander auparavant au Muphti, s'il pouvoit, sans manquer à l'article de la prédestination, faire vacciner ses enfans? et qu'il reçut pour réponse: *faites vacciner!*

f) V. l'Histoire de la vaccination en Turquie, en Grèce et aux Indes orientales par M. de CARRO à Vienne 1804.

en Perse, dans l'ancienne Assyrie; ils y trouveront, la vaccine; ils la trouveront encore dans les g) immenses possessions et dans les gouvernemens les plus éloignés de la Russie, chez les Tartares, les Kalmuks, les Kirgises, les Burètes, jusqu'au-delà du Baikal. Ainsi le mal, né dans l'orient, trouve son antidote dans un procédé simple et efficace qui, par une bien généreuse compensation, lui est renvoyé du couchant, si cruellement ravagé par ce fléau depuis plus de huit siècles. Les grandes Indes et l'Amérique doivent également le mal et le remède à l'ancien hémisphère.

Après ces courses, bien propres à rendre attentifs

Au mois de Juin 1806. le nombre des enfans vaccinés à Alep surpassoit dejà celui de 600, sans qu'on eût éprouvé un seul accident défavorable, ce qui est un bien d'autant plus précieux pour ce pays, que la petite vérole y est excessivement meurtrière. M. BARKER, Consul Britannique à Alep, a engagé quelques médecins Zantiotes de transporter la vaccine dans les principales villes de la Syrie et de la Mesopotamie; ils seront munis de certificats de tous les Evêques et des Agens européens d'Alep, v. Bibl. britannique N. 256. p. 391. 404. C'est M. de CARRO qui a fait parvenir de Vienne la lymphe à Constantinople, à Alep, à Bassora. v. sa lettre à M. CHARLES PICTET l'un des rédacteurs de la Bibl. Britannique N. 268. p. 361. v. encore, ib. N. 254. la lettre de M. DUBOIS, Missionnaire aux Indes orientales.

g) A la fin de 1807 il y eut déjà plus de 320,000 enfans inoculés en Russie, dont pas un seul ne fut depuis atteint de la petite vérole. v. Gazette officielle de Petersbourg. Fevr. 1808.

les hommes les plus indifférens , comme les plus irré-
solus, retournez dans les limites de notre propre empire; rendez compte à la partie de ses habitans, qui
se trouvent autour de vous, des soins généreux et des
efforts combinés des gens de l'art et du gouvernement. *h*)

---

h) Il faut étudier à cet effet les travaux et les résultats satis-
faisans contenus dans les différens rapports de la société
de la vaccine, dont la dernière séance eut lieu le 28
Avril 1808, sous la direction de S. E. le Ministre de l'Intérieur. Il en résulte que dans les années 1806 et 1807
il y eut en France 600,000 vaccinations. Parmi les départ-
temens qui se sont le plus distingués par leur zèle à cet
égard, le Rapport en nomme trois, sur lesquels s'étend en
partie notre Consistoire général; savoir la Meurthe, 11720
vaccinations, le Doubs 12199 et le Haut - Rhin 10778. Les
inoculations du Bas - Rhin n'y sont point encore articu-
lées ; mais le rapport publié récemment par les ordres
de M. le Préfet, démontre, à l'évidence qu'il y a peu
de départemens où l'on ait vacciné autant et de si bonne
heure que dans le nôtre; mais d'après la très - sage remar-
que, consignée p. 8. il n'est peut-être aucun département
où l'indigène cherche moins à entretenir le public du bien
qu'il fait. L'habitant de cette contrée se contente de son propre témoignage et de celui des personnes qui l'entou-
rent. Onze états de vaccinations, sur 400 qui existent
dans le département, ont produit le nombre de 2279.
Qu'on juge approximativement de la somme qui doit
résulter du total! Nous ne passerons pas ici sous si-
lence le zèle, vraiment digne d'éloges, que la classe
des Israëlites a fait éclater en cette occasion. v. Rapport
p. 13. 21. Ce même Ecrit désigne honorablement plusieurs

Votre louable activité, MM. saura disséminer sur les points limitrophes de la France que nous habitons, les salutaires rayons émanés du centre de l'empire. Vous entrerez avec empressement dans cette belle et bienfaisante confédération. Et ce n'est pas ici un espoir vague qui nous inspire cette confiance. Nous jugeons de ce que vous ferez par ce que vous avez déjà entrepris et exécuté. Par les rapports, qui nous sont parvenus des différentes inspections de notre Consistoire général, nous avons été touchés de voir que vous avez engagé nombre de communes à ne pas repousser la vaccine, et que déjà vous avez donné une

médecins qui ont présenté eux-mêmes leurs enfans à la vaccine. Le directoire pourroit citer non seulement un nombre considérable de ministres du culte qui en ont fait autant; mais il peut en toute confiance attester, qu'il n'y en a pas un seul qui ait manqué de servir de modèle à cet égard à ses paroissiens. Les maladies et la mort, même survenue postérieurement par d'autres causes, n'ont pas rallenti leur zèle. Tous se sont empressés d'imiter le digne Kottmeyer, pasteur près de Minden, lequel, après avoir sauvé 70 enfans de sa paroisse par la vaccination, ayant perdu son unique enfant également vacciné, est monté en chaire pour raffermir la conviction chancelante de sa commune.

Nous invitons à cette occasion MM. les pasteurs à tenir note dans leurs livres paroissiaux, non seulement des décès en général, mais encore du genre de maladie, et notamment des cas de mort à la suite de la petite vérole, pour préparer des données sur la diminution du mal et l'accroissement de la population.

preuve particulière de zèle, qui caractérise bien dignement un ministère, dont les fonctions ne sont jamais si efficaces, que lorsque l'exemple se trouve joint au précepte. Placés à la tête de vos communes, et luttant de dévouement avec plus d'un médecin, éclairé et père de famille, vous avez recommandé la vaccine en faisant vacciner vos propres enfans : ah! MM. vous entrainerez toujours et sans peine votre troupeau, si vous pouvez lui dire : ,,venez et voyez; faites ce que vous ,,nous voyez faire nous-mêmes!"

Continuez donc, o vous, qui êtes paticulièrement appelés à travailler au bonheur présent et futur des hommes continuez à déraciner la zizanie des préjugés, comme celle des vices. Mettez à profit, pour atteindre à ce noble but, tous les grands momens où vous trouvez les esprits favorablement disposés et susceptibles d'impressions profondes. Telle est d'abord la première époque de la vie, où les enfans vous sont présentés pour être bénis. Dans le discours préparatoire, que vous avez coutume d'adresser aux parens et aux témoins, lors de la sainte initiation du baptême, observez-leur, quel surcroît de plaisir la naissance d'un enfant doit procurer aujourd'hui aux parens, parceque l'existence et la durée de l'homme se trouvent tout autrement protégées et garanties de nos jours, qu'elle ne le furent dans les siècles de l'ignorance et de la superstition. *i*)

---

i) D'après un calcul bien intéressant de Mr. Sénébier, la

Les Evangiles dominicaux et plusieurs fêtes Chrétiennes vous fourniront encore plus d'une occasion de rapeller à tous les ordres de la société l'étendue de leurs devoirs, dans le rapport avec la conservation, comme avec le sage emploi de la vie. *k*)

---

probabilité de la vie d'un enfant qui naît de nos jours, est de 7 à 1, comparée aux âges où, au lieu d'établissemens économiques, de précautions physiques, de mesures de médecine, on eut recours à une piété passive, et à une charité mal eutendue qui, même dans le sens le plus louable ne vouloit point thésauriser pour ce monde.

k) Dans les réscrits de plusieurs Consistoires protestans d'Allemagne il est enjoint aux pasteurs de lier au formulaire du baptême une exhortation aux parens, pour faire participer de bonne heure leurs enfans au bienfait de la vaccination. Il existe même déjà dans quelques livres de cantiques, comme p. e. dans celui de Nordhausen, un hymne en action de graces pour la découverte de la vaccine. Par décret de plusieurs princes et Cours ecclésiastiques de l'Allemagne, il se prononce de tems en tems des sermons sur cette matière et sur d'autres qui lui sont analogues. Le zèle éclairé et patriotique de plus d'un digne pasteur de notre département a devancé le réglement positif à cet égard. Plusieurs discours très bien faits, ont été débités à ce sujet. Il vient d'en paroître un de M. SCHALLER, Pasteur à Pfaffenhofen et Président du Consistoire d'Ingwiler, écrit avec clarté, chaleur et noblesse. Les principales objections contre la vaccination s'y trouvent rapportées et anéanties. Parmi les textes des évangiles, tous ceux, qui se rapportent à des guérisons, présentent un sujet opportun pour traiter de telles matières, ou plutôt pour les

Du reste MM ! vos exhortations seront pressantes autant que paternelles. Jamais de la précipitation, ni de l'aigreur ; jamais de l'effervescence ni de l'indignation ! Gardez - vous de l'arme, toujours dangereuse et rarement utile, de la satire ! Les hommes pardonnent difficilement à qui leur prouve qu'ils se sont trompés. Il faut donc se racheter par les plus grands ménagemens. * Ce sont les égards persévérans envers les hommes qui vous feront triompher le plus sûrement de leurs imperfections en tout genre. Attendez tout de la bonté de votre cause, de

---

présenter comme des conséquences et des applications des grands sujets moraux, que l'on doit développer en principe dans les chaires chrétiennes. Parmi les fêtes, se présentent celle de Noël, celle du nouvel an, et surtout la fête de l'école paroissiale, usitée parmi nous, où la jeunesse, comparoissant au service principal en présence de leurs parens, reçoit des prix, après avoir subi un examen public. Les enfans reçoivent en même tems des instructions sur l'éducation qu'ils ont à suivre, comme leurs pères et mères sur celle qu'ils ont à donner. Parmi les livres, que nous avons coutume de distribuer à cette occasion, se trouvent le catéchisme de santé de M. le D. Faust, des recueils d'histoires intéressantes, propres à animer le goût de tout ce qui est beau et louable, des notices sur l'histoire naturelle et sur les productions du pays. Ah ! que ne peut le ministre de la religion, qui connoit clairement, et qui veut fortement tout ce qui tourne au bien - être de ceux qui sont confiés à sa sollicitude pastorale ! C'est à cette charité éclairée et active, que l'on reconnoît le digne serviteur de Dieu, et le véritable ami des hommes.

la douceur de vos instructions, de la leçon du tems qui détruit, mais aussi qui bâtit insensiblement. En suivant ces principes qui sont les bases de la prudence pastorale, dont l'ensemble vous est offert à la fin de vos études théologiques, vous réussirez à éloigner peu à peu de vos foyers le cruel fléau dont nous parlons. Une grande et belle perspective se présente encore à votre zèle, et il suffira, de vous l'avoir fait remarquer. Par les mesures du Gouvernement la petite vérole est bannie des camps et des établissemens publics qui relèvent immédiatement de l'état. Ah! que vous seriez heureux, si, par vos exhortations soutenues et paternelles, vous pouviez engager les pères et les tuteurs à n'envoyer leurs enfans à vos écoles religieuses qu'après les avoir prémunis par la vaccination. Que ces séminaires de l'humanité deviennent, en harmonie parfaite avec l'instruction, donnée par les Instituteurs primaires et secondaires, la véritable école des idées libérales, des affections sociales, de tous les sentimens purs, et généreux. *l*)

---

l) Plus qu'on ne pense le premier enseignement influe sur la promptitude et l'aptitude des citoyens à profiter de toute espèce de mesures salutaires du Gouvernement. Un homme sans lumières est ordinairement un homme défiant, récalcitrant; son ame est sombre et rétrécie, sa marche est mécanique, il suit, tête baissée, la grossière routine. La culture de son champ et de son esprit n'a d'autres bases ni d'autres bornes que celles du préjugé, de l'antiquité, de l'aveugle autorité. Dans son métier,

Les notions de physique et d'iatrique que vous avez acquises pour donner avec fruit des conseils salutaires sur ces objets, peuvent d'autant plus aisé-

---

dans ses maladies il se refusera à tout ce que son siècle peut amener d'améliorations Le célebre M. de Rochow, qui s'est acquis en Allemagne des titres immortels à la reconnoissance nationale par ses soins infatigables à donner aux écoles publiques une organisation plus raisonnée et plus utile, rend compte dans un fragment d'histoire de sa propre vie, des circonstances qui lui ont donné l'impulsion à baser l'instruction élémentaire sur des principes plus sains et plus lumineux. Seigneur de plusieurs villages dans le Brandebourg, il distribua, dans les tristes années de disette et d'épidémies en 1771 et les suivantes, des médecines et des secours de tout genre à ses justiciables, avec une instruction par écrit sur la manière de s'en servir. Ses paysans n'en firent aucun usage; fidéles à leur ancienne coutume, ils continuèrent de courir aprés les charlatans, ils consulterent des devins, ils s'en remirent à des maîtres de hautes oeuvres. Ces gens, encroutés de préjugés, payoient à grands fraix le traitement d'un misérable empirique, qui le plus souvent les faisoit périr. D'ailleurs, ils ne savoient guères ni lire ni écrire. Mes colons, dit alors Rochow, par leurs capacités naturelles, ressemblent au lion, mais au lion enlacé dans d'étroits filets. Ses forces sont paralysées, tant que quelque bienfaisante souris n'entame ces filets, qui le retiennent. Un jour plongé dans ces tristes réflexions: "Eh bien, se dit-il, je serai cette souris, moi." Aussitôt, aidé des pasteurs de ses villages, il se met à instruire les instituteurs. Dans leur nombre il en trouve de très-capables, et il établit ces écoles, regardées avec raison comme des modèles, et que l'on venoit visiter des contrées les

ment être recueillies par vos jeunes successeurs, qu'ils en trouvent la plus favorable occasion, dans les leçons des habiles et célèbres professeurs de l'école spé-

---

plus éloignées, avec le même empressement avec lequel on fait aujourd'hui des pélerinages vers le respectable Pestalozzi, dont la méthode intuitive, fixant avec précision les figures, les nombres, les signes et les objets qu'ils representent, s'accorde assez bien avec la théorie de la culture intellectuelle et morale de Mr. de Rochow. Celui-ci rédigea à l'usage de sa jeunesse adoptive cet *ami des enfans*, livre classique pour l'instruction, dont la première traduction françoise parut à Strasbourg par les soins d'une Société philanthropique, mère de celle de Paris, qui répand encore aujourd'hui tant de bien dans cette capitale. Par ces moyens préparatoires le germe de la raison devint de la raison même dans les terres de ce bienfaisant propriétaire. Ce fut alors qu'on devint attentif, docile, que l'on fit usage des bons remèdes, comme des bons livres. Et il en est ainsi en tous les tems et en tous les lieux. Ce sont les élèves des bonnes écoles qui sauront apprécier et mettre à profit les bienfaisans décrets du Gouvernement et les mesures salutaires de la police. C'est sous ce point de vue, et dans cette intime liaison des choses, que le directoire de la confession d'Augsbourg recommande à MM. les Pasteurs le rapport de M. le Conseiller d'Etat Préfet sur la vaccine et l'arrêté plein d'importans avis de M. le Maire de Strasbourg, concernant les secours à donner aux noyés et aux asphyxiés. Le directoire jugera du bon esprit de l'instruction catéchétique par la sagesse, comme par la probité que fera éclater le catéchumène. La religion chrétienne est une religion de lumières et ses rayons vivifians doivent pénétrer par tout. Il est prouvé par une constante expérience que, moins on est instruit et plus on

ciale de médecine de Strasbourg, et même dans celles de quelques membres distingués de l'Académie protestante. *m*)

Nous finissons, MM. en vous communiquant, comme un manuel précieux et un recueil d'aphorismes sur les quels vous puissiez vous appuyer avec toute confiance, le tableau de l'immortel JENNER, qui, interrogeant uniquement l'expérience, et partant toujours de faits indubitables, concentre en deux pages des résultats, qui four-

---

est indifférent sur les accidens et les dangers. On le voit bien au sommeil léthargique des sauvages ; mais l'ame mue et excitée de bonne heure est désireuse ; elle lie les phénomènes et les idées ; il existe pour elle une prévoyance ; elle s'élance du moment présent dans le lointain de l'avenir. Et c'est cet éveil de l'ame, plus encore, qu'un amas de connoissances positives que nous regardons comme la mesure d'une bonne école et comme l'honorable tâche du bon pasteur. Le trait le plus sublime qui achève, le tableau de ce bon pasteur se trouve encore dans l'Evangile. "Jésus-Christ eut pitié du peuple." Et certes, tout est gagné pour le peuple dès que ses conducteurs brûlent de cette généreuse commisération. Ce qui rend le peuple si pauvre, ce n'est pas tant le manque de numéraire que celui des lumières, d'où viennent leur avilissement et la dépression de leur ame. C'est la classe pauvre, est-il dit dans le rapport de M. le Préfet, qui seule à peu-près se refuse encore à la vaccination, et qui seule encore est la victime du fléau.

m) Ce plan d'études exige des Candidats. pour se présenter à l'examen d'ordre, la fréquentation des leçons d'anthropologie et de médecine populaire.

nissent à tout homme qui veut entendre, une conviction intuitive, propre à fixer l'esprit, et à tranquilliser
cette classe nombreuse d'hommes incertains qui res-
tent en suspens, moins par des scrupules de leur
raison, que par l'effet d'une tendresse qui les em-
pêche de juger avec calme, leur intelligence à cet
égard étant entièrement dans la craintive sollicitude de
leur coeur.

Puisse la providence, dont l'oeil propice, toujours
ouvert sur l'espèce humaine, a fait disparoître de l'Europe la lèpre affreuse, devenue endémique par les
croisades, et qui nous a enseigné à nous garantir de
la peste comme de la foudre; puisse-t-elle bientôt,
par le palladium qu'elle nous a accordé depuis douze
ans *n*), garantir l'humanité entière d'une contagion qui,
durant tant de siècles qu'elle a sévi parmi nous, a
moissonné plus d'hommes que n'en pourroit contenir
toute la surface de la terre habitée.

A ce juste voeu, répété d'un pôle à l'autre, Vous
en ajoutez sans doute, MM.! un autre d'un ordre en-

---

n) Mr. JENNER, Médecin à Londres, originaire de la Suisse,
entreprit la première vaccination, après le plus mûr examen du pis de vache et des effets de ses pustules sur le
corps humain. On sait, que c'est dans le comté de
Glocester surtout que ces observations furent faites et ré-
pétées. D'après un rapport de M. OSIANDER, Professeur
à Goettingue, on s'est servi dans les environs de cette
célèbre université, des *cow-pox* comme préservatif
(Schutz-Pocken) il y a déjà 30 ans. On rapporte la
même chose du Holstein.

core plus rélevé. Ce voeu est sur vos lèvres, toutes les fois que vous paroissez en public; il est au fond de vos coeurs; il est l'objet de vos plus chères méditations. Nous croyons l'exprimer, en énonçant avec vous l'ardent desir que les hommes, unis entr'eux et à leur souverain auteur, par une ame aimante et pure, marchent sur la route d'une vertu éclairée et d'une probité sans fard, vers ce séjour qui ne sera pour nous un meilleur monde qu'autant que, dans celui-ci nous aurons aspiré sans relâche à la perfection en tout genre. Puissiez-vous avoir la satisfaction de faire naître des sentimens aussi salutaires dans l'ame de tous ceux qui vous écoutent! Puissent les conseils de la raison et les exhortations de l'évangile qui s'énoncent par votre bouche, enflammer leur zèle pour tout ce qui est juste, généreux et vraiment utile! Un jour viendra où leurs efforts et les vôtres trouveront leur éternelle récompense.

Fait en Directoire.

Strasbourg le 2 Août 1808.

Conforme à l'original.

Par ordre du DIRECTOIRE.

SILBERMANN, *Secrétaire général.*

Tableau, publié par ordre de la Société royale de JENNER.

Vue comparative de la petite-vérole naturelle, de l'inoculée et de la Vaccine, dans leurs effets sur les individus et la Société.

I. CARACTÈRES GÉNÉRAUX DES TROIS.

De la petite-vérole naturelle.	*De la petite-vérole inoculée.*	*De la vaccine.*
Maladie essentiellement contagieuse, dans quelques exemples bénigne, mais généralement violente, douloureuse, dégoutante et dangereuse pour la vie.	Maladie également contagieuse, mais la plûpart du tems bénigne, dans quelques cas toutefois violente, pénible, dégoutante et dangereuse pour la vie.	Maladie non contagieuse, qui même à peine mérite le nom de maladie. Etant bien conduite, elle est uniformément douce, inoffensive et rarement douloureuse. Elle est d'ailleurs essentiellement exempte de tout danger pour la vie, et forme un préservatif infaillible contre la petite-vérole.

II. MORTALITÉ DES TROIS MALADIES.

De la petite-vérole naturelle.	*De la petite-vérole inoculée.*	*De la vaccine.*
Il meurt un individu sur six de ceux qui l'ont, et au moins la moitié du genre humain l'a. Par conséquent il meurt de cette seule maladie, un douzième de toute l'espèce humaine. Elle enlève à Londres 3000, et dans tout le royaume uni, 40,000 individus par an.	D'après l'ensemble des tables qu'on a pu se procurer, il meurt un sur 300 inoculés. Celles de Londres portent la mortalité à 1 sur 100.	Elle n'est jamais fatale, à moins d'accidens étrangers à la maladie ou à la vaccination.

III. CIRCONSTANCES QUI ACCOMPAGNENT OU QUI SUIVENT LA MALADIE, INDÉPENDAMMENT DE LA CONTAGION ET DE LA MORTALITÉ.

1.° *Le danger des trois.*

Dans la petite-vérole naturelle.	*Dans la petite-vérole inoculée.*	*Dans la vaccine.*
Un individu sur trois de ceux qui en sont attaqués, a la maladie sous une forme dangereuse.	Un seulement sur 30 à 40, se trouve dangereusement malade.	Il n'y a jamais de danger.

2.° *Les éruptions.*

Dans la petite-vérole naturelle.	*Dans la petite-vérole inoculée.*	*Dans la vaccine.*
Les éruptions sont nombreuses et dégoutantes	Les éruptions se rencontrent constamment en plus ou moins grand nombre.	Il n'y a qu'une pustule, et cela sur la partie vaccinée ou inoculée seulement.

3.° *Le tems que le malade est obligé de garder le lit, la chambre ou la maison, la perte de tems et la dépense qu'entraîne chaque maladie.*

Dans la petite-vérole naturelle.	*Dans la petite-vérole inoculée.*	*Dans la vaccine.*
Ces trois objets sont plus ou moins considérables; la dernière circonstance surtout, je veux dire la dépense, affecte singulièrement les individus, les familles et les paroisses chargées du maintien des pauvres.	Parfois ces trois objets sont également plus ou moins considérables.	Il n'y a point de nécessité de garder la maison, ni à plus forte raison la chambre ou le lit : il n'y a point de perte de tems ni de frais.

4.º `Les précautions requises pour chaque maladie.`

Dans la petite-vérole naturelle.

Toutes les précautions qu'on prend, ou qu'on a conseillées, soit pour s'en garantir, soit pour rendre la maladie moins grave, se trouvent la plûpart du tems absolument inutiles.

Dans la petite-vérole inoculée.

L'inoculation exige un régime et une médecine préparatoires ; il faut éviter certaines saisons, certains extrêmes de chaud ou de froid : on ne sauroit la pratiquer prudemment dans certaines périodes de la vie, comme dans l'enfance et la vieillesse ; elle est enfin incompatible avec certains états de la constitution physique des individus, comme avec une infirmité générale, avec la dentition, la grossesse, etc.

Dans la vaccine.

Toutes les précautions à prendre se bornent à celle qui regardent la conduite de la vaccination elle-même,

5.º *Nécessité du traitement médical pendant chaque maladie.*

Dans la petite-vérole naturelle.

Le traitement médical est presque généralement regardé comme indispensable avant, pendant et après la maladie ; il est toujours plus ou moins compliqué, et exige tous les soins d'un médecin éclairé et vigilant à la fois.

Dans la petite-vérole inoculée.

Le traitement médical, quoique moins fréquemment indispensable et compliqué que dans la petite-vérole naturelle, est néanmoins plus ou moins nécessaire.

Dans la vaccine.

Il n'y a ni traitement ni remèdes necessaires.

6.º *Difformités résultantes de chaque maladie.*

Dans la petite-vérole naturelle.

Beaucoup d'individus en sortent avec des marques, des cicatrices, etc. qui défigurent la peau, sur-tout à la figure ou au visage

Dans la petite-vérole inoculée.

Les difformités mentionnées ci à côté, ont également lieu, toutes les fois que la maladie se trouve un peu sévère.

Dans la vaccine.

Il n'en résulte ni difformité, ni défiguration quelconque.

7.º *Maladies qui viennent à la suite de chacune des trois.*

Dans la petite-vérole naturelle.

A la suite de cette maladie funeste, se présentent les scrophules sous toutes les formes, les maladies de la peau, des glandes, des jointures, l'aveuglement, la surdité, etc.

Dans la petite-vérole inoculée.

Les mêmes suites ont lieu, quoique moins fréquemment que dans la petite-vérole naturelle.

Dans la vaccine.

Il n'en résulte aucune maladie, aucun accident à la suite.

8.º *Observations historiques et générales.*

Sur la petite-vérole naturelle.

Il y a douze siècles environ, qu'on connoît ce fléau destructeur, qui diminue la population du monde entier dans une proportion énorme,

Sur la petite-vérole inoculée.

L'inoculation n'ayant été adoptée que partiellement ; elle est devenue un moyen de répandre l'infection ; par conséquent, loin de diminuer la mortalité occasionnée par la petite-vérole, elle a augmenté la mortalité générale dans une proportion plus ou moins grande. A Londres, cette augmentation s'est trouvée être de 17 sur 1,000.

Sur la vaccine.

Pendant une longue série d'années, la vaccine inoculée accidentellement dans une partie de l'Ecosse, a été regardée parmi le peuple comme un préservatif infaillible contre la petite-vérole. Beaucoup de personnes, dans les pays de pâturage et de laitage, ayant eu accidentellement la vaccine dans leur jeunesse, ont été exemptes de la petite-vérole pendant toute leur vie.